AF442598

TOUT SAVOIR SUR LE LAIKA DE SIBERIE ORIENTALE

I

II

TOUT SAVOIR SUR LE LAIKA DE SIBERIE ORIENTALE

Mon Ami Le Chien

Saphira Eiger

© *2021 Saphira Eiger*

Tous droits réservés

Publié par

Nature & Santé

Sommaire

FICHE D'IDENTITÉ

NOM OFFICIEL : Vostotchno Sibirskaia Laika

AUTRES NOMS : East Siberian Laïka

PAYS D'ORIGINE : Russie

CLASSIFICATION :

Groupe : 5 — Chiens de type Spitz et de type primitif

Section : 2 — Chiens nordiques de chasse

CARACTÉRISTIQUES :

Taille de la femelle : 53 à 60 cm

Poids de la femelle : 18 à 24 kg

Taille du mâle : 57 à 64 cm

Poids du mâle :   22 à 28 kg

Longévité :   De 12 à 15 ans

RECONNAISSANCE INTERNATIONALE :

FCI: 1980

AKC :   NON

KC :   NON

UKC :   1996

La Fédération Cynologique Internationale (**FCI**) est une organisation internationale basée en Belgique, comptant comme membres les institutions nationales de 98 pays. C'est, de loin, l'association canine la plus importante au niveau mondial.

L'American Kennel Club (**AKC**) est la principale association canine des États-Unis, et le seul registre gratuit du pays. Non affiliée à la FCI, elle a cependant une portée internationale.

The Kennel Club (**KC**) est l'association canine officielle du Royaume-Uni et c'est aussi la plus ancienne (elle fut créée en 1873). Peu influente sur le plan international, son histoire et son prestige font qu'elle est cependant très respectée.

L'United Kennel Club (**UKC**) est un registre canin basé aux États-Unis important en Amérique du Nord, mais peu suivi dans le reste du monde.

SES ORIGINES

Le Laïka de Sibérie Orientale actuel descend de chiens sélectionnés au début du 20ème siècle dans la région du lac Baïkal et du fleuve Amour, à la frontière entre la Russie et la Chine. Toutefois, les origines exactes de ces ancêtres restent méconnues.

L'est de la Sibérie est un territoire immense, sans limites vraiment définies avec la Yakoutie et l'ouest de la Sibérie, qui s'étend le long des frontières avec la Mongolie, la Chine, la Corée, et borde la mer du Japon. Il n'est donc pas surprenant que le Laïka de Sibérie Orientale partage de nombreuses caractéristiques avec certaines races de chien chinoises et japonaises. Il est d'ailleurs communément accepté que ses ancêtres sont le fruit de nombreux croisements entre des spitz nordiques venus de l'ouest et du nord — notamment les ancêtres des Laïkas de Sibérie Occidentale et des Laïkas de Yakoutie —, et certaines races asiatiques qui auraient suivi les humains ayant migré dans la région depuis la Mongolie et la Chine.

De manière étonnante, une étude réalisée en 2011, intitulée « Origins of domestic dog in Southern East Asia is supported by analysis of Y-chromosome DNA » et parue dans la revue scientifique *Heredity*, tend aussi à laisser penser que cette race appartient au même groupe génétique que le Basenji, d'origine africaine.

Des squelettes retrouvés en Sibérie prouvent en tout cas que des chiens accompagnaient les peuples nomades, comme les Evenks ou les Nanais, depuis des millénaires. Semi-domestiqués, ils épaulaient les hommes pour la chasse pendant l'automne et l'hiver, puis étaient laissés libres de se nourrir et se reproduire à leur guise au printemps et en été. Cette tradition a perduré des siècles durant, ce qui explique que jusqu'au milieu du 20ème siècle le Laïka de Sibérie Orientale n'ait jamais vraiment été défini en tant que race.

En 1947, lorsque ce chien fut reconnu par les autorités russes en même temps que les autres Laïkas, ses caractéristiques variaient d'ailleurs grandement d'une région à l'autre. C'est le biologiste K. G. Abramov, connu surtout pour ses travaux sur le tigre de l'Amour au début des années 60, qui rédigea le premier standard de la race. Basé principalement sur les spécimens du bassin du fleuve Amour, ce dernier fit référence jusque dans les années 60.

Dans les années 70, le travail d'élevage du Laïka de Sibérie Orientale fut pris en charge officiellement par l'élevage gouvernemental d'Irkutsk. Malgré cela, il n'y avait en 1979 que 39 individus correspondant en tous points au standard et inscrits au registre officiel de la race.

Cette rareté n'empêcha pas la Fédération Cynologique Internationale (FCI) de reconnaître la race dès 1980, en même temps que les autres Laïkas.

Si la race s'est développée depuis les années 80 et a séduit de nombreux chasseurs sibériens, elle reste extrêmement rare dans le reste du monde. Le United Kennel Club (UKC) américain la reconnut néanmoins en 1996, en même temps que le Laïka de Sibérie Occidentale et le Laïka Russo-Européen. Il n'a toutefois pas été suivi à ce jour par l'autre organisme de référence du pays, l'American Kennel Club (AKC), pas plus d'ailleurs que par le Club Canin Canadien (CCC) voisin ou le Kennel Club (KC) britannique.

SON APPARENCE

Le Laïka de Sibérie Orientale est de taille moyenne à grande ; c'est d'ailleurs le plus grand des Laïkas. Il a conservé un aspect sauvage qui en fait une race de chien rappelant le loup et porte sa queue enroulée, comme tous les spitz nordiques.

Son corps, compact et musclé, est légèrement rectangulaire. Le dos est droit chez la femelle, mais la hauteur au garrot est supérieure d'environ 2 cm à la hauteur à la croupe chez le mâle. Les pattes sont musclées et se terminent par des pieds ronds. La queue, complètement enroulée ou en forme de faucille, retombe sur le dos.

Sa tête, en forme de triangle équilatéral, est massive par rapport au reste du corps. Le crâne est large, surtout chez le mâle, avec un stop modérément marqué. Le museau doit se terminer par une truffe noire, bien que la couleur brune soit également admise (mais non recherchée) chez les sujets de couleur blanche. Les yeux sont ovales, de couleur marron, et ont une expression amicale et franche. Dressées sur le haut du crâne, les oreilles ont une forme en V et sont très mobiles.

Le sous-poil du Laïka de Sibérie Orientale est dense et abondant, avec une texture laineuse douce au toucher. Le poil de couverture est au contraire dur et droit. Plus court sur le visage, les oreilles et les pattes, il est en revanche plus long au niveau du cou. Les mâles ont le poil plus long au niveau des épaules.

Les couleurs de robe les plus communes sont noir et feu ainsi que noir et blanc, mais il existe également notamment des individus à la robe unie, qu'elle soit blanche ou noir. Dans tous les cas, des taches dans les nuances de la couleur principale sont admises sur les membres.

Le dimorphisme sexuel est bien marqué chez cette race. Au-delà du fait qu'ils possèdent un crâne plus large, les mâles sont plus grands, plus larges et plus poilus, tandis que les femelles sont plus allongées et ont une posture plus droite.

VARIÉTÉS

Il est fréquent de se perdre entre les différentes races de Laïka, même si celles-ci sont pourtant bien distinctes. 4 races furent reconnues par les autorités russes en 1947, puis par la FCI en 1980 : le Laïka de Sibérie Occidentale, le Laïka de Sibérie Orientale, le Laïka Russo-Européen et le Laïka Karélo-Finnois.

Toutefois, depuis 2009, ce dernier est assimilé au Spitz Finlandais et n'est plus considéré comme une race distincte par les différentes associations canines. C'est pour cela que certains affirment qu'il n'y a plus que 3 races de Laïka.

Ce n'est cependant pas tout à fait correct. En effet, le Laïka de Yakoutie, une race naturelle qui évolue avec les peuplades sibériennes depuis des millénaires, est lui aussi reconnu par nombre d'organismes, à commencer par la FCI. Il demeure toutefois un cas à part, car ce n'est pas un chien de chasse, mais un chien de traîneau. D'ailleurs, il n'appartient pas à la section des chiens nordiques de chasse au sein de la nomenclature de la FCI.

SON CARACTÈRE

L'attitude du Laïka de Sibérie Orientale diffère grandement avec sa famille et avec les étrangers. Dévoué, fidèle et affectueux avec les siens, il se montre en revanche bien plus méfiant envers les seconds. Cela dit, s'il ne manque pas d'aboyer pour dissuader le nouveau venu de s'approcher, il n'est pas foncièrement agressif, et ne passe à l'action qu'en cas de menace avérée envers son maître.

Il ne se montre pas particulièrement patient avec les enfants. Ceux qui font partie du foyer et sont suffisamment grands pour avoir appris à se comporter en présence d'un chien peuvent réussir à affirmer leur autorité, mais les plus petits et les plus hésitants risquent fort de se faire malmener.

En tout état de cause, ce chien n'est pas vraiment recommandé pour une famille ayant de jeunes enfants. Si c'est néanmoins le cas, il faut garder en tête que les interactions avec des tout-petits doivent systématiquement se faire sous la surveillance d'un adulte — cela vaut d'ailleurs quelle que la soit la race du chien.

Le Laïka de Sibérie Orientale tolère la présence de congénères ou de chats au sein de son foyer sous réserve d'avoir grandi avec eux, mais n'accepte aucun autre animal. Il se montre dominant avec les autres chiens qu'il croise, surtout s'ils sont du même sexe, et ouvertement agressif envers ceux qui s'approchent trop de son territoire. Quant aux représentants d'autres espèces, peu importe leur taille, ils sont vus comme des proies ou des menaces potentielles. Un lapin ou un oiseau a de grandes chances de finir entre ses mâchoires, tandis que les prédateurs sont reçus avec férocité.

Ce trait de caractère du Laïka de Sibérie Orientale est fort utile pour mettre en fuite les ours, tigres et autres lions des montagnes qui rôdent sur ses terres natales, mais nettement moins pratique pour toute personne qui souhaiterait en faire un chien de compagnie.

Cela implique d'ailleurs qu'il doit absolument être tenu en laisse dans les endroits où il pourrait rencontrer d'autres chiens ou animaux domestiques. En pleine nature, il est possible — et recommandé — de le laisser évoluer librement, mais il est alors judicieux de l'équiper d'un collier pour chien avec GPS intégré afin de pouvoir le localiser à tout moment, par exemple s'il s'est lancé à la poursuite d'une biche.

C'est en tout cas un chien actif, qui a besoin de pouvoir se dépenser pendant au moins une heure par jour. La chasse et les promenades en pleine nature sont assurément ses activités favorites, et il est toujours ravi d'accompagner son maître lors de longues randonnées. Il fait d'ailleurs un garde du corps de choix pour une personne qui passe beaucoup de temps dans des endroits où rôdent de grands prédateurs, y compris l'ours ou le loup. Il détecte leur présence bien avant qu'ils ne s'approchent trop, et ses aboiements menaçants ont tôt fait de les convaincre de passer leur chemin.

Plus largement, étant utilisé depuis bien longtemps comme chien de travail, il aime avoir une tâche à accomplir et se sentir utile. Chasser est une activité naturelle pour lui, mais il peut aussi apprendre à tirer un traîneau, même s'il n'excelle pas au travail en équipe. En tout cas, s'il n'est pas suffisamment stimulé, il a de grandes chances d'avoir des comportements destructeurs, qu'il s'agisse par exemple de creuser dans le jardin ou de mâchouiller tout ce qui lui passe entre les crocs.

Une chose est certaine : il n'est pas du tout adapté à la vie urbaine, que ce soit en appartement ou en pavillon résidentiel. Il a besoin d'espace et de tranquillité, et se sent bien plus heureux dans une ferme isolée aux alentours d'un petit village. C'est un chien d'extérieur : sa place naturelle se situe au-dehors, mais il doit disposer d'un endroit abrité où passer la nuit. Par ailleurs, pour éviter les accidents, mieux vaut que le jardin dans lequel il batifole soit bien clos, afin que de petits animaux n'aient pas la possibilité de s'y introduire et qu'il ne soit pas en mesure d'aller expliquer son point de vue au chien se promenant avec sa famille sur le sentier à proximité de la maison.

Comme les autres chiens de chasse nordiques qui utilisent leurs aboiements pour signaler au chasseur la position de la proie, le Laïka de Sibérie Orientale a une voix puissante. Il la fait souvent entendre, même si c'est rarement à bon escient — à moins bien sûr de considérer que la présence d'un chat sur la palissade ou d'un oiseau dans l'arbre du jardin est un motif valable.

SA SANTÉ

Issu d'une longue sélection naturelle dans des régions aux conditions qui ne permettent qu'aux plus résistants de survivre, le Laïka de Sibérie Orientale est exceptionnellement robuste.

Son pelage le protège parfaitement du grand froid et des intempéries, mais aussi des grosses chaleurs qui peuvent sévir pendant l'été des climats continentaux. Il peut toutefois souffrir en cas de canicule qui se prolonge trop longtemps, et n'est pas vraiment adapté aux climats méditerranéens.

Son excellente constitution ne l'empêche pas d'être enclin à certains problèmes de santé :

- la dysplasie de la hanche, caractérisée par une prédisposition héréditaire. Elle provoque des difficultés de déplacement causées par une malformation de l'articulation ;

- la dysplasie du coude, une autre malformation pouvant elle aussi être favorisée par l'héritage génétique, et qui entraîne elle aussi des problèmes de locomotion ;

- la hernie ombilicale, lorsque les muscles de l'abdomen laissent passer des organes internes. Elle se soigne par une intervention chirurgicale ;

- la cryptorchidie, qui correspond au fait qu'un testicule reste dans l'abdomen et ne descend pas correctement à sa place. Elle est susceptible d'entraîner des problèmes de santé (torsion testiculaire, tumeurs…) mais peut facilement être opérée.

Le style de vie actif du Laïka de Sibérie Orientale peut aussi être la source de problèmes.

Les innombrables courses en pleine nature à la poursuite d'animaux augmentent le risque de chutes ou d'éraflures. Si la plupart sont bénignes, il peut arriver qu'il se fasse une fracture, ou qu'une petite égratignure s'infecte.

Les parasites sont aussi un risque bien prononcé pour ce chien qui passe beaucoup de temps en extérieur. Il peut cependant facilement être évité en veillant à tenir à jour ses traitements antiparasitaires.

Se tourner vers un éleveur de Laïka de Sibérie Orientale sérieux permet de diminuer fortement les risques d'adopter un chiot en mauvaise santé ou qui présente des risques à ce niveau. L'idéal serait en effet qu'il soit en mesure de présenter les résultats de tests génétiques faits sur les parents et/ou le petit pour les affections pouvant avoir une dimension héréditaire. Il doit être en mesure de présenter un certificat de bonne santé signé par un vétérinaire, ainsi que les vaccins administrés à l'animal, consignés dans son carnet de santé ou carnet de vaccination.

Pour maximiser les chances qu'il reste en bonne santé, des passages réguliers (au moins une fois par an) chez le vétérinaire sont nécessaires tout au long de sa vie. C'est l'occasion d'un bilan de santé complet permettant de vérifier l'absence de problème, ainsi que d'effectuer ses rappels de vaccins.

Enfin, à l'instar de ce qu'on constate chez d'autres races de chien primitives, la femelle Laïka de Sibérie Orientale présente la particularité de n'avoir des chaleurs qu'une fois par an. Les chiots naissent généralement vers mars-avril, lorsque le plus dur de l'hiver est passé.

SA POPULARITÉ DANS LE MONDE

Sans être menacé d'extinction, le Laïka de Sibérie Orientale reste un chien extrêmement rare.

De fait, bien qu'il soit possible que quelques individus aient pu être importés en Amérique du Nord ou en Europe de l'Ouest, le Laïka de Sibérie Orientale ne semble pas être vraiment présent en dehors de la Russie, à l'exception de quelques spécimens isolés en Scandinavie ainsi qu'en Corée du Sud et au Japon.

En France, par exemple, aucun Laïka de Sibérie Orientale n'a jamais été enregistré auprès du Livre des Origines Français (LOF).

SES DIFFÉRENTS USAGES

« Le Laïka de Sibérie Orientale a été développé par des chasseurs, pour des chasseurs ».

Cette affirmation du docteur Vladimir Beregovoy, grand spécialiste des Laïkas, illustre bien la qualité principale de ce chien. De tout temps, il a aidé les hommes à chasser le gibier de toutes tailles, des écureuils et lapins jusqu'aux sangliers et élans, en passant par la martre, la zibeline, et plus largement toute la faune sibérienne.

Mais dans ces régions difficiles, être un bon chien de chasse ne suffisait pas : les hommes avaient besoin d'un compagnon polyvalent et le

Laïka de Sibérie Orientale compte plusieurs cordes à son arc.

En effet, c'est aussi un merveilleux chien d'alerte et de protection contre les grands prédateurs. Il n'a peur ni des loups, ni des ours, ni des tigres, et n'hésite pas à leur tenir tête pour les décourager d'approcher, grâce en particulier à ses aboiements menaçants et ses attaques feintes.

Puissant et endurant, il est aussi tout à fait capable de tirer des charges pendant des heures dans la neige. Toutefois, comme il a généralement des relations houleuses avec ses congénères, ce n'est pas un chien de traîneau à proprement parler : il ne peut être ajouté à un attelage destiné à parcourir de longues distances.

Enfin, il peut faire un excellent chien de compagnie pour un maître expérimenté, passant la plupart de son temps en pleine nature et vivant dans une région isolée. En revanche, ce n'est pas le bon choix pour une famille vivant dans une petite ville et souhaitant un compagnon qu'elle emmène se promener dans le parc d'à côté.

ÉDUQUER SON LAÏKA DE SIBÉRIE ORIENTALE

Il est indispensable que le Laïka de Sibérie Orientale fasse dès son plus jeune âge la connaissance de toutes les personnes et tous les animaux qu'il sera amené à croiser régulièrement au cours de sa vie, afin de s'habituer à leur présence et de les tolérer. Il en va de la sécurité de tous.

Une excellente socialisation peut également l'aider à se montrer moins agressif envers les congénères qu'il ne connait pas. Il ne faut toutefois pas entretenir de faux espoirs en la matière, car sa nature finit toujours par reprendre le dessus à un moment ou un autre.

Même s'il vit dans un endroit assez à l'écart, il doit aussi avoir la possibilité dès ses premiers mois d'évoluer dans des lieux plus fréquentés, afin de s'habituer à ce genre d'environnements qui peuvent être très perturbants pour lui. Il y a en effet toutes les chances qu'il y soit confronté de nouveau au cours de sa vie, et les choses ne s'en passeront que mieux.

Pour la même raison, apprendre à son chien à marcher en laisse est nécessaire, même si elle n'a pas vocation à être utilisée au quotidien. En effet, il arrivera forcément qu'à l'occasion il doive aller en ville, ou tout du moins dans un endroit plus fréquenté, et la laisse sera alors obligatoire. S'il y a déjà été habitué, elle ne constituera alors pas un stress additionnel.

Éduquer un Laïka de Sibérie Orientale n'est pas chose aisée, et les maîtres les moins expérimentés risquent de vite se rendre compte qu'ils se sont attelés à une mission qui les dépasse, et que ce chien n'était pas fait pour eux. Il apprend facilement la propreté, mais le reste de son éducation donne nettement plus de fil à retordre. Indépendant, têtu et dominant, il ne cesse d'essayer de convaincre son propriétaire que sa manière de faire est la plus adéquate. Il a donc besoin d'avoir en face de lui une personne à la fois ferme, autoritaire et patiente.

Il n'en reste pas moins intelligent, et n'hésite pas à faire plaisir s'il y voit un intérêt. Les techniques basées sur le renforcement positif sont donc particulièrement adaptées, et elles permettent de renforcer le lien qui l'unit à son maître. De fait, la perspective d'une récompense sous forme de friandises est pour lui une excellente raison d'écouter les consignes.

34

NOURRIR SON LAÏKA DE SIBÉRIE ORIENTALE

Nourrir un Laïka de Sibérie Orientale n'est pas compliqué. Des aliments industriels pour chiens disponibles dans le commerce, dès lors qu'il s'ils sont de qualité, sont à même de lui apporter tous les nutriments dont il a besoin pour être en bonne santé. Tant les produits choisis que la ration quotidienne qui en est donnée doivent tenir compte de son âge, sa taille, et son niveau d'activité.

Ce dernier est d'ailleurs susceptible de varier selon les périodes, dès lors qu'il est utilisé pour la chasse. Il peut donc être pertinent d'accroître la quantité quotidienne de nourriture qui lui est donnée au cours de la saison de chasse, afin qu'il dispose de suffisamment d'énergie pour donner le meilleur de lui-même. Bien évidemment, il ne faut pas oublier de la réajuster à la baisse une fois de cette dernière achevée, au risque qu'il développe de l'embonpoint.

Cela dit, grâce à son niveau d'activité très élevé, le Laïka de Sibérie Orientale n'est pas prédisposé à l'obésité. Il ne faut toutefois pas oublier qu'aucun individu n'est à l'abri ; en particulier, si pour une quelconque raison (blessure…) il n'a plus la possibilité de se dépenser autant qu'il devrait, il est probable qu'il prenne vite du poids.

En plus de s'assurer que les rations sont bien adaptées aux besoins réels de son chien, le maître doit donc prendre soin de le peser tous les mois afin de repérer au plus vite un éventuel problème. Une prise de poids qui se confirme ou s'accentue au cours de plusieurs mesures d'affilée est un signe qu'il faut consulter un vétérinaire. Une fois identifié s'il s'agit d'une cause médicale (maladie, effet secondaire d'un traitement…) ou alimentaire (aliments inadaptés, quantité trop importante…), il pourra proposer les solutions adéquates.

Enfin, comme tous ses congénères, le Laïka de Sibérie Orientale doit en permanence avoir accès à de l'eau fraîche.

PRENDRE SOIN DE SON LAÏKA DE SIBÉRIE ORIENTALE

Prendre soin d'un Laïka de Sibérie Orientale n'est pas sorcier, mais demande cependant un peu de temps.

En premier lieu, un brossage hebdomadaire de son pelage est nécessaire pour éviter les nœuds. Il perd ses poils tout au long de l'année, mais le phénomène est particulièrement prononcé lors de ses mues automnales et printanières : une fréquence quotidienne s'impose alors pour le débarrasser de l'impressionnante quantité de poils morts.

Donner un bain à son Laïka de Sibérie orientale n'est que rarement utile, à moins bien sûr qu'il ne se soit fortement sali. En dehors de ce cas particulier, une ou deux fois par an s'avère suffisant, et l'idéal est de le faire au moment de sa mue. Quoi qu'il en soit, il est indispensable d'utiliser un shampooing spécifiquement conçu pour les chiens, car les produits faits pour les humains risquent de lui abîmer la peau.

Une fois par semaine, nettoyer l'intérieur de ses oreilles à l'aide d'un chiffon propre permet d'éviter que des saletés ne s'y accumulent, et limite d'autant la probabilité qu'elles s'infectent.

Sa séance hebdomadaire de toilettage doit inclure également un nettoyage des yeux, qui peut être réalisé avec un bout de tissu humide.

Cela réduit radicalement le risque d'infection oculaire.

Par ailleurs, un brossage de dents réalisé lui aussi une fois par semaine, en prenant soin d'utiliser un dentifrice destiné aux chiens, est le meilleur moyen de les garder en bonne santé, et en particulier d'éviter les maladies que la formation de plaque dentaire peut entraîner. L'idéal est même de le faire encore plus souvent, voire carrément tous les jours.

Quant à ses griffes, elles n'ont généralement pas besoin d'être taillées dès lors qu'il a la possibilité de gambader autant qu'il en a besoin, car l'usure naturelle est alors suffisante. Toutefois, si elles deviennent trop longues, elles peuvent non seulement le gêner pour marcher, mais aussi se casser et le blesser ; pour éviter de telles mauvaises surprises, il est utile d'y jeter un coup d'œil de temps à autre pour s'assurer qu'elles ne sont pas abimées ou trop longues, et le cas échéant les couper manuellement.

Savoir entretenir le pelage de son chien ainsi que ses oreilles, ses yeux, ses dents et ses griffes ne s'invente pas : il n'y a donc aucune honte à apprendre au début comment procéder auprès d'un vétérinaire ou d'un toiletteur professionnel. Il sait comment manipuler l'animal sans lui faire mal ou risquer de le blesser, et se fait un plaisir de transmettre son savoir. Dans tous les cas, mieux vaut commencer ces séances de toilettage dès les premiers mois, pour qu'il s'y habitue et qu'elles deviennent des moments de complicité.

Enfin, les innombrables heures passées en pleine nature font que le Laïka de Sibérie Orientale est particulièrement exposé aux éraflures, coupures et autres petites blessures.

Même si elles sont généralement bénignes, elles peuvent s'infecter et devenir un problème potentiellement grave. Mieux vaut donc prendre quelques minutes après chaque longue sortie pour l'inspecter sous toutes les coutures, en n'oubliant pas les coussinets de ses pattes, une zone particulièrement exposée.

COUT D'UN LAÏKA DE SIBÉRIE ORIENTALE

Le prix d'un chiot Laïka de Sibérie Orientale en Russie est d'environ 25 000 roubles (autour de 300 euros), et le principal élevage se trouve toujours à Irkutsk, à l'est de la Sibérie.

La race étant extrêmement rare en dehors de ses terres d'origine, l'option la plus réaliste pour une personne souhaitant adopter un de ses représentants est l'importation. Le cas échéant, il faut ajouter au prix d'achat les coûts de transport et les frais administratifs pour estimer le montant total du projet. Il est nécessaire de s'informer sur la réglementation relative à l'importation d'un chien depuis l'étranger et s'assurer que tous les documents sont en règle.

Quoi qu'il en soit, comme pour toutes les races, le prix demandé varie grandement en fonction du prestige de l'élevage, des ascendants du chiot et de ses caractéristiques, notamment physiques. C'est ainsi qu'un chiot conforme au standard, né de parents particulièrement réputés pour leurs talents et dans un élevage renommé pour son sérieux peut coûter bien plus cher.

QUELQUES LAÏKA DE SIBÉRIE ORIENTALE CÉLÈBRES

Contrairement à ce que son nom pourrait laisser penser, Laïka, le premier chien à avoir voyagé dans l'espace en 1957 à bord de Sputnik 2, n'est pas un chien de race. « Laïka » est un terme russe dérivé du mot « laiat » qui signifie aboyer, et est souvent utilisé pour se référer à tous types de chiens.

En réalité, l'astronaute Laïka était un simple chien des rues.

LE STANDARD DU LAÏKA DE SIBÉRIE ORIENTALE

STANDARD FCI NUMÉRO :   305

DATE DE PUBLICATION :   17/11/11

ASPECT GENERAL :

Chien de taille moyenne d'une constitution forte et compacte. La longueur du corps, de la pointe de l'épaule à la pointe de la fesse, est légèrement supérieure à la hauteur au garrot. La tête est relativement grande et très forte. Les muscles sont bien développés. Ossature forte ;

plus puissante chez le mâle que chez la femelle. Le dimorphisme sexuel est bien prononcé.

Les mâles s'inscrivent presque ou totalement dans un rectangle ; les femelles sont légèrement plus longues. L'indice de format (hauteur/longueur) :

Mâles : 100/104 – 109

Femelles : 100/106 – 111

Chez les mâles la hauteur au garrot est supérieure à la hauteur à la croupe de 1 à 2 cm ; chez les femelles elle est égale, ou supérieure de 1 cm, à la hauteur à la croupe.

La longueur du museau est légèrement inférieure à la moitié de la longueur de la tête.

La hauteur du coude au sol est égale à la moitié de la hauteur au garrot.

COMPORTEMENT/CARACTERE :

Stable et équilibré. Chien vigoureux avec le sens olfactif et de détection du gibier très développé, ayant une passion pour la chasse, surtout celle du grand gibier. Très indépendant lors de la chasse. Amical, gentil et digne de confiance envers l'être humain.

TETE :

Puissante, plutôt grande par rapport au corps ; en forme de coin ; vue de dessus elle forme un triangle équilatéral. La région crânienne est relativement large, surtout chez les mâles.

REGION CRANIENNE :

Crâne : La longueur du crâne est légèrement supérieure à la largeur. Les arcades sourcilières sont peu développées ; la protubérance occipitale est nettement marquée.

Stop: Modérément prononcé.

REGION FACIALE :

Truffe : Noire, de taille moyenne. Chez les sujets à robe blanche ou fauve une truffe brune est admise.

Museau : La longueur du museau est légèrement inférieure à la longueur du crâne. Vu de profil, il a la forme d'un coin, modérément tronqué.

Lèvres : Modérément jointives mais pas pendantes.

Mâchoires/dents : Dents blanches, larges, fortes, bien développées et implantées à intervalles réguliers. Dentition complète (42 dents) ; articulé en ciseaux.

Joues : Zygomatiques prononcés mais sans exagération.

YEUX :

De grandeur moyen, de forme ovale, placés de biais, ni enfoncés ni saillants avec une expression amicale et franche. La couleur est marron foncé ou toute autre nuance de marron en accord avec la couleur de la robe.

OREILLES :

Dressées, mobiles, en forme de V avec les extrémités pointues ou légèrement arrondies. Elles sont écartées, en ligne avec les yeux. Les lobes sont peu développés. L'intérieur du pavillon est bien poilu.

COU :

Musclé, sec, coupe transversale ronde ou légèrement ovale ; la longueur est égale à celle de la tête ou légèrement plus courte. Inséré à approximativement 40 – 50° à l'horizontale.

CORPS :

Ligne de dessus : Solide et droit, s'inclinant du garrot à l'attache de la queue.

Garrot : Bien développé, prononcé (surtout chez les mâles), s'élevant de 1 à 2 cm au-dessus de la ligne supérieure ; modérément développé chez les femelles.

Dos : Droit, fort, bien musclé, modérément large.

Rein : Court, modérément large, bien musclé et légèrement voussé.

Croupe : Large, relativement longue, légèrement oblique.

Poitrine : Large, bien descendue (elle atteint la pointe du coude ou la dépasse de 1 – 2 cm, surtout chez les mâles), longue, coupe transversale ovale.

Ligne de dessous et ventre : Relevée ; la ligne allant de la poitrine à la cavité abdominale est légèrement relevée.

QUEUE :

Enroulée ou en forme de faucille, retombant sur le dos. Une queue en forme de faucille qui ne touche pas le dos ou qui est portée à l'horizontale est acceptable. Etirée, elle atteint le jarret ou elle peut être de 1-2 cm plus courte.

MEMBRES ANTERIEURS :

Vue d'ensemble : Les antérieurs sont secs et musclés ; vu de devant ils sont droits, modérément écartés et parallèles. La longueur des antérieurs, du coude au sol, est égale à la moitié de la hauteur au garrot.

Epaule : L'omoplate est longue, musclée et modérément inclinée.

Bras : Long, modérément incliné, musclé. L'angle entre l'omoplate et le bras est bien défini.

Coude : Placé près du corps ; la pointe du coude est bien développée et placée en arrière parallèle à l'axe du corps.

Avant-bras : Droit, sec, musclé ; la coupe transversale est ronde. Vus de devant, les avant-bras sont modérément écartés et parallèles.

Métacarpe : Pas long ; vu de profil il est légèrement incliné.

Pied antérieur : Rond ou légèrement ovale ; cambré avec les doigts bien serrés.

MEMBRES POSTERIEURS :

Vue d'ensemble : Musclés avec les angulations de toutes les articulations bien définies. Vus de derrière, les postérieurs sont droits et parallèles.

Cuisse : Modérément longue, placée légèrement en oblique.

Grasset (genou) : Bien angulé.

Jambe : Longue, placée en oblique ; pas plus courte que la cuisse.

Métatarse (jarret) : Presque vertical. Vu de profil, un trait perpendiculaire tiré de la pointe des fesses au sol, doit tomber juste devant le jarret ou légèrement en avant.

Pied postérieur : Rond ou légèrement ovale ; cambré avec les doigts bien serrés. Un peu plus petit que le pied antérieur.

ALLURES :

Allures aisées. L'allure typique est un trot allongé en alternance avec le galop ou la marche.

PEAU :

Suffisamment épaisse et élastique ; sans plis ni tissu sous-cutané.

ROBE

Qualité du poil :

Le poil de couverture est dur et droit. Le sous-poil est bien développé, doux, abondant et laineux. Sur la tête et les oreilles le poil est dense, court et brillant. Sur les épaules et autour du cou le poil est plus long et forme une collerette ; sur les joues il forme des favoris. Chez les mâles le poil est plus long sur le garrot. Les membres sont couverts d'un poil court, dur et dense qui est légèrement plus long sur la face arrière des membres antérieurs. Sur la face arrière des membres postérieurs le poil forme des pantalons sans franges. Il y a du poil de protection, comme une brosse, entre les doigts. Sur la queue le poil est abondant, droit et dur et légèrement plus long sur la face inférieure mais sans franges.

Couleur du poil :

Les couleurs les plus typiques sont noir et feu, noir, noir et blanc, blanc et blanc avec taches — pie. Des petites taches dans les nuances de la couleur principale sont admises sur les membres.

Tout écart par rapport à ce qui précède doit être considéré comme un défaut qui sera pénalisé en fonction de sa gravité et de ses conséquences sur la santé et le bien être du chien et sa capacité à accomplir son travail traditionnel.

- Déviation du type sexuel.

- Front proéminent et museau effilé.

- Pigmentation partielle sur la truffe, lèvres et le bord des paupières.

- Pigmentation pâle sur la truffe.

- Absence de 4 prémolaires maximum PM1 — PM2.

- Articulé en tenaille (bord-à-bord) après l'âge de 6 ans.

- Petites dents ou dents trop espacées.

• Yeux de couleur pâle ou ambre chez les chiens avec une robe complètement noire.

• Oreilles grandes ; attachées bas ; souples ; poil insuffisant dans le pavillon.

• Cou : coupe transversale trop ovale.

• Dos affaissé ou voussé.

• Rein long, droit ou arqué.

• Croupe horizontale ou trop inclinée.

• Cotes plates ; poitrine étroite ; poitrail pas suffisamment développé ; poitrine pas suffisamment descendue.

• Epaule droite, avant-bras arqués, coudes tournés en dedans ou en dehors.

• Chien de constitution exagérée.

• Métacarpe verticale ou faible.

• Pieds tournés en dehors (panard) ou en dedans (cagneux).

• Léger manque d'angulation aux membres postérieurs ; jarrets clos.

• Pieds écrasés ou plats ; manque de poil entre les doigts.

• Ergots postérieurs.

• Allures restreintes.

• Petites taches de couleur dans les nuances de la couleur de base sur le corps ou la tête.

DEFAUTS GRAVES :

• Déviation manifeste du type sexuel.

• Légère intolérance envers les humains.

• Chien obèse ou maigre.

• Tête grossière.

• Museau court ; truffe effilée.

• Stop profond ou à peine visible.

• Absence de plus que 4 prémolaires, y compris PM1 & PM2.

• Yeux ronds et proéminents.

• Oreilles avec les extrémités arrondies ; lobes trop développés.

• Corps de forme carré.

• Ossature légère.

• Postérieurs trop angulés ou droits.

• Postérieurs étroits ; grassets ou jarrets tournés en dehors.

• Allures lourdes, irrégulières, amble.

• Plis ou peau lâche.

• Poil long sur la face arrière des antérieurs et des franges prononcées sur la face arrière des cuisses et sur la queue.

• Poil ondulé, bouclé, doux ou trop long ; poil formant une raie sur le dos et au garrot pendant la mue.

• Petites taches sur le corps qui ne sont pas dans les nuances de la couleur de base.

• Ecart de taille de plus de +/— 2 cm.

• Chien agressif ou peureux.

• Tout chien présentant de façon évidente des anomalies d'ordre physique ou comportemental.

• Articulé incorrect.

• Articulé de travers.

• Absence de 4 dents ou plus, y compris PM1 – PM2 ou M3, incisives en surnombre.

• Œil vairon, taché.

• Oreilles tombantes, semi-tombantes.

• Queue très écourtée.

• Poil trop court ou trop long ; absence de sous-poil.

• Couleur marron génétique, bleue génétique, bringée ou albinos.

• Les mâles doivent avoir deux testicules d'aspect normal complètement descendus dans le scrotum.

• Seuls les chiens sains et capables d'accomplir les fonctions pour lesquelles ils ont été sélectionnés, et dont la morphologie est typique de la race, peuvent être utilisés pour la reproduction.

© *2021 Saphira Eiger*

Tous droits réservés

Publié par

Nature & Santé

www.ingramcontent.com/pod-product-compliance
Lightning Source LLC
Chambersburg PA
CBHW061336120726
48001CB00002B/898